LAURENT LE COINTRE,

DÉPUTÉ A LA CONVENTION NATIONALE,

A SES CONCITOYENS.

Paris, le 15 Frimaire, l'an 2.e de la République une & indivisible.

LA CONVENTION NATIONALE ayant décrété le 14 mai dernier « que *les Représentans du peuple font comptables à* » *chaque inftant, de l'état de leur fortune à la nation* » ; de retour de ma miffion je remplis le vœu de cette loi, en mettant fous les yeux de mes concitoyens, l'état de ma fortune progreffive, depuis l'inftant où j'ai eu des deniers en maniement, jufqu'à ce jour, dont le réfultat eft le tableau de ma fituation actuelle.

Débiteur d'une fomme de trois cent cinquante-cinq mille fix cent dix-huit livres, dont cent quatre-vingt-dix mille livres, y compris les intérêts, font exigibles dans le courant de cette année ; je me fuis déterminé à l'affiche & mife en vente de trois cent cinquante mille livres de mes biens, afin d'opérer ma libération.

Comme différentes interprétations données à cet acte de juftice & de prudence, ont paru produire quelques inquiétudes, j'ai cru ce motif d'un affez grand poids pour donner à mon compte la publicité qu'il doit avoir, en le livrant à l'impreffion.

La nation y verra que depuis que j'ai voué mon tems & mes veilles à la chofe publique, les indemnités que j'ai reçues ont été volontairement, en partie, reverfées dans le tréfor national ; & que le furplus a été employé à éclairer mes concitoyens fur la conduite de miniftres traîtres & d'agens perfides.

Mes créanciers y reconnoîtront que mes dettes acquittées, le patrimoine que j'ai reçu de mes auteurs & de ceux de ma femme, refte abfolument libre & intact.

A

ÉTAT DE MES BIENS.

MAISON A VERSAILLES,
Département de Seine & Oise.

1.º Une maison rue du Commerce, nº. 37.

Cette maison est louée; savoir, une boutique & arrière boutique au citoyen Huet & sa femme, à raison de trois cents livres par an, ci • • • • • • • • • • • • 300^H $_{''}$^{f} $_{''}$^{d}

Une partie de logement occupée par le propriétaire, estimée • • • • • • • • • • • • • • • • • • 560. $_{''}$ $_{''}$

Une autre partie occupée par le citoyen Tronçon, louée 200 ^{H}, ci • • • • • • • • • • • • • 200. $_{''}$ $_{''}$

Une autre *idem* de logement, louée au citoyen Quintel 150^H par an, ci • • • • • • • • • • 150. $_{''}$ $_{''}$

Une autre *idem* • • • • • • • à la citoyenne Poigneux quatre-vingts livres, ci • • • • • • • • • • 80. $_{''}$ $_{''}$

Une autre *idem* occupée par le citoyen le Cointre, aîné, comme séquestre des biens-meubles de Jean - Robert le Cointre, trois cents livres, ci • 300. $_{''}$ $_{''}$

Le surplus qui n'est pas loué depuis deux années, peut être évalué à 940^H par an, & porté aujourd'hui pour • • • • • • • • • •*Mémoire.*

Nota. En 1789 , la totalité de cette maison valoit 3,300 livres de loyer.

MAISON A SÈVE.
Hameau de la Liberté.

2.º Maison aux coins de la rue de la Liberté & de la grande rue de Sève.

La partie de cette maison, occupée par le citoyen Garoft, y compris les écuries & remises de la maison située place de la Liberté, est louée six cent cinquante livres,
par bail, ci • • • • • • • • • • • • • 650^H $_{''}$ $_{''}$ }
Le citoyen Rebours de Paris
en occupe pour 130 livres, ci • 130. $_{''}$ $_{''}$ } 860. $_{''}$ $_{''}$
Le citoyen Vny de Sève,
en tient pour 80 livres, ci • • • • 80. $_{''}$ $_{''}$ }

Nota. Le surplus de cette maison n'est pas loué, parce qu'elle n'est pas finie. 2,450^H $_{''}$^{f} $_{''}$^{d}

Ci - contre· · · · · · · · · · · · · · · 2,450^{ll} // //

Place de la Liberté.

3.º Une écurie & une remi-
se, louées quatre-vingts livres,
ci· · · · · · · · · · · · · · · · · · ·   80^{ll} // //

Nota. Cette maison qui n'est pas
entièrement finie, exige encore une
dépense de plus de 6,000 liv. pour
être en rapport.

4.º Maison & clos à l'usage
d'un blanchisseur, y compris
les cuves, pompes, chaudières
& autres ustensiles de blanchisserie, loués au citoyen Le-
tourneur, par bail du 1.er février 1788· · · · · · · · · · · · · ·   1,400. // //

5.º Autre maison ayant cour,
lavoir, jardin, porte cochère,
terrasses & source d'eau vive,
dont partie est louée au citoyen
Joly, par bail & obligation
notariés du 19 août 1784· · · ·   900. // //   } 3,280. // //

L'autre partie consistant en
une portion de bâtimens, cour,
pavillon, écuries, remises,
jardin d'environ deux arpens,
est occupée par le propriétaire,
qui y a placé un jardinier con-
cierge, aux appointemens de
750 livres par an, estimée à
900 livres, ci· · · · · · · · · · · · ·   900. // //

6.º Une pièce de terre située rue du nouveau
Cimetière, contenant 55 perches, mise en carriè-
re ; mais dont les frais d'ouverture ont excédé
& excéderont toujours le rapport, à cause
de la mise en état ; lorsque l'an prochain on
cessera d'y fouiller, ce terrain estimé comme
de première qualité à 20 sous la perche, pro-
duira un revenu de·   55. // //

5,785^{ll} // //

De l'autre part ··············· 5,785^{H} " "

R E N T E S   A   S È V E.

Ces rentes font foncières, nettes & exemptes de retenue ; elles font auffi rembourfables à la volonté des débiteurs, à des époques fixées par les contrats de conftitution.

La veuve Recullé, une rente de 600 livres, par contrat du 13 janvier 1784 ················· 600^{H} " "

Le citoyen Timonier, *idem*, de 25 liv. par *idem*, du 30 janvier 1788 ············· 25. " "

Le citoyen Combe, *idem*, contrat du 30 janvier 1788·· 235. " "

Le citoyen Joly, en plu-fieurs parties ; favoir,

Par contrat du 25 janvier 1788, une rente (*) de ····· 450. " "

Par contrat du 17 février 1790, une *idem* de 100 livres, au capital de 2,000 liv., rem-bourfable en quatre parties de 500 livres, ci ············ 100. " "

Le citoyen Fumée, rente de 80 livres rembourfable en deux payemens, au capital de 1,600 livres, contrat du 6 mai 1790 ················· 80. " "

Le citoyen Mazin, rente de 510 livres, confituée, le 21 juillet 1790, rembourfabl en fix années, même plus tôt, & en travaux de fon état. Cette rente, au capital de 10,200 l. compofé de plus de 7,000 liv. en mémoires, réduit à 4,000 l., 1,490^{H} " "

(*) Le principal de cette rente eft de 9,000 livres, rembourfable à des époques qui ne doivent pas être fatales au débiteur.

5,785. " "

5

'*Ci-contre* • • • • • • • • • • • • • •   5,785^H // //

1,490^H // // $\big)$

sera auſſi réduite à 200 liv. ci •   200. // // $\Big\}$ 1,795. // //

Le citoyen Creſſon, Phar-
macien à Paris, au lieu de
Gandolphe, ci-devant curé de
Sève, ayant acquis de Com-
bes une rente conſtituée de
105 livres par contrat du 25
juillet 1792 • • • • • • • • • • •   105 // // $)$

BIENS-FONDS A GUIGNES,

Département de Seine & Marne.

La ferme & auberge du franc Républicain, auxquels ſont joints 115 arpens, 77
perches de terre; le tout loué au citoyen
Jean Urbain, notaire • • • • • • • • •   3,312^H

RENTES A GUIGNES.

70 liv. de rente ſans retenue, de
maiſon, clos & jardin • • • • • • • • •   70.

Nota. Cette rente eſt due par Gautier
& ſa femme, & rembourſable par 1,700
livres, ſuivant contrat du 3 novembre
1784.

350 livres de rente pour vente
de la maiſon occupée par Briant,
& due par Geoffroy Leſourt, mon
beau-frère, rembourſable par 7,000
livres; il eſt convenu que les impo-
ſitions ſeront déduites, par contrat
du 20 décembre 1790 • • • • • • • •   350.

$3,732.$ // //

DOMAINES NATIONAUX.

Même Département.

Acquis le 24 Février 1791,

Dans les Municipalités de Guignes & d'Villes.

3 arpens un quart de terre dépendant de la   11,312. // //

A 3

De l'autre part · · · · · · · · · · · · · · · · 11,312^d " "

ci-devant chapelle sainte Anne,
loués à Notaire, l'aîné · · · · · · · 49^{lt} 10^f

A YEBLES, *district de Melun.*

41 arpens de terre loués au citoyen Dupont, meûnier à la Pierre-blanche, aux prix de· · · 1,025. 10.

51 arpens de terre, dits la Madelaine de Champeaux avec les droits sur 5 arpens, distraits & perdus dans les anticipations, adjugés le 8 juin 1791, loués à Joseph Vanier 1,050 liv., ci· · · 1,050. "

25 arpens de terre, situés à Vulaine, commune d'Yebles, loués au citoyen Gilbon 700 l., adjugés le 24 février 1791, ci· 700. "

80 livres de rente sans retenue, remboursable au capital de 1,700 livres, due par Henry Gommer d'Yebles, à cause d'une maison, jardin & clos à lui vendus le 4 octobre 1788. provenant de la succession Lesourt père, suivant partage du 11 mars 1777, passé devant Girout, notaire à Paris, ci · · · · 80. "

12 arpens 18 perches de bois, situés ; savoir,

7 arpens trois quarts à Yebles.
1 arpent à Guignes.
2 arpens à Ozouer.
74 perches à Maurevert.
69 perches en deux morceaux, dont je ne jouis pas ; le tout pour 11 arpens & demi à 20 livres l'arpent, achetés du citoyen Darbonne, par contrat du 31 janvier 1792, devant l'Herbette, notaire à Paris, ci· · 230. "

3,135. " "

14,447. " "

Ci-contre···················· 14,447[#] ″^ſ ″^d

BIENS A ANDREZELLES.

Ferme occupée par la veuve Cornu, aujourd'hui femme Froc, contenant 267 arpens & demi, dont 215 arpens 67 perches provenant de la ſucceſſion Leſourt père, ſuivant partage du 11 mars 1777 devant Girouſt.

48 arpens 65 perches provenant de la licitation du partage de famille de la veuve Leroy, tante de ma femme, devant Monnot, notaire à Paris, le 29 juillet 1784.

3 arpens 19 perches d'acquiſition des héritiers Hédiard & conſorts, en 1782 ; leſdites terres, maiſon, ferme & jardin en dépendant loués enſemble, ci·········· 4,343[#] 15^ſ 7^d

Plus 21 arpens provenant de la ferme achetée le 3 octobre 1785 de la citoyenne Maſſon Valnay ; le ſurplus ayant été joint à la ferme occupée par Notaire de Guignes ; leſdits 21 arpens loués à raiſon de 20[#], ci·········· 441. ″ ″

                    4,784. 15. 7.

Nota. Le total des terres compoſant cette ferme eſt de 288 arpens & demi, dans les communes de Andrezelles, Champeaux, Pequeux & Guignes.

BIENS NATIONAUX,

A Champeaux.

30 arpen 60 perches de terre, dits la Chantrerie de Champeaux, provenant de l'acquiſition faite au diſtrict de Melun, & à moi adjugés le 11 mars 1791 pour 15,200 livres, loués à Aubin Dupré, ci····· 465[#] ″ ″

36 arpens faiſant partie de la ferme de la communauté de Champeaux, adjugés le 11 juin 1791 pour 16,056 liv., & loués à Aviſſe, ci········· 594. ″ ″

3 arpens 26 perches de ————

      1,059[#] ″ ″   19,231[#] 15^ſ 7^d

De l'autre part··· 1,059ᴴ ʯ ʯ   19,231ᴴ 15ˢ 7ᵈ

terre, située à Fouju & à Maupinous, loués au citoyen Jean-François Lejeune, par an, ci ················ 60. ʯ ʯ

     1,203. ʯ ʯ

Nota. Ces terres proviennent du partage de la succeſſion Lefourt père, du 11 mars 1777.

4. arp 42 perches & demie, situées à Créſenoy, louées au citoyen Rabourdin par année.·· 84. ʯ ʯ

Nota. Ces terres proviennent du partage de la ſucceſſion de Lefourt père.

Diverſes parties de rentes de la ſucceſſion de Lefourt père, ſuivant le partage du 11 mars 1777, dont les titres ſont entre les mains de Briſſot, notaire à Guignes; leſquelles montent enſemble à la ſomme de············ 160ᴴ 19ˢ 4ᵈ

Autres parties de rentes provenant de la licitation du partage de famille de la ſucceſſion de la veuve Leroy, tante de ma femme, ſur laquelle, d'après le teſtament, elle avoit à prendre ſeulement une ſomme de 8,000 l. une fois payée. Ces rentes montent enſemble à 547 l. 1 ſols, dont la moitié pour moi eſt de···· 273. 10. 6.

     484. 9. 10.

Nota. Ces rentes ſont poſſédées en indivis par moitié entre le citoyen Darbonne & moi; les titres ſont chez le citoyen Briſſot, notaire à Guignes.

Autres rentes provenant de la même licitation de partage, montant enſemble à 100 livres, dont la moitié pour moi, eſt de········ 50. ʯ ʯ

Nota. Ces rentes ſont également poſſédées en indivis avec le citoyen Darbonne; & les titres ſont chez le citoyen Benoît à Nemours.

     20,919ᴴ 5ˢ 5ᵈ

Ci-contre .... 20,919# 5ſ 5ᵈ

La ſucceſſion de Jean - Robert Lecointre, mon frère, n'eſt pas liquidée, mais elle peut être évaluée à un revenu net de 800 livres, ci .... 800. ″ ″

112 l. de rente nette, ſur le tréſor national, à cauſe de 2,800 liv., miſes le premier frimaire l'emprunt volontaire, ci .... 112. ″ ″

405 livres de rente, dûes par Leſourt, de Guignes, à cauſe de ſon billet de 6,300 livres, qui m'eſt échu dans le partage de la ſucceſſion Leſourt, de Chaume, & pour lequel il a été formé une demande judiciaire, portant intérêt, & de 1,800 livres qu'il me doit, article 11 dudit partage. ci .... 405. ″ ″

Plus 120 liv. de rente nette, ſur les propres de cette ſucceſſion, pour mes deux cinquièmes; la veuve, comme donataire mutuel, jouiſſant du reſte. Le ſurplus de cette ſucceſſion eſt en inſtance contre Leſourt de Guignes, donataire & prévenu de ſpoliation; ci .... 120. ″ ″

LE TOTAL de mon revenu eſt de .... 22,356# 5ſ 5ᵈ

La déduction du quart ſur le produit des maiſons & rentes, & du cinquième ſur celui des autres biens-fonds, monte à. .... 4,390. 5. 5.

Reſte, de revenu impoſable .... 17,966# ″ſ ″ᵈ

ÉTAT DES CHARGES,

SAVOIR:

CAPITAUX.   RENTES NETTES.

Sur la maiſon de Verſailles, rue du Commerce, n.° 37.
Lors de l'acquiſition de cette maiſon, le 22 août 1782, devant Lemoine, notaire à Paris, le citoyen Dupain, rue des Bourdonnais à Verſailles,

avoit une rente conſtituée de 316 livres 15 ſous, au capital de 6,335 livres, dont je ne l'ai point rembourſé ; cette rente eſt réduite à caufe de la retenue, à · · · · · · · · · ·

6,335ʰ ·   237ʰ 11ᶠ 3ᵈ

Le citoyen Ernotte, rue aux Pains, à Verſailles, avoit également à prendre ſur cette maiſon une rente conſtituée de 500 livres, au capital de 10,000 livres : je n'ai pas rembourſé cette rente qui, à cauſe de la retenue, eſt réduite à · · · ·

10,000. ·   375. ″ ″

RENTES CONSTITUÉES.

La veuve Chef - d'Hotelle, rue du Commerce, à Verſailles, avoit une rente conſtituée de 150 livres, au capital de 3,000 livres, par contrat du 22 février 1785, devant Ducro & Leroy, notaires à Verſailles, réduite à 112 livres 10 ſ.

3,000. ci. ·   112. 10. ″

A la même, une autre rente de 200 liv., au capital de 4,000 liv., par contrat du 20 ſeptembre 1786, devant Monget & Ducro, notaires à Verſailles, réduite à cauſe de la retenue, à · · · · · · · · · · · · · · ·

4,000. ·   150. ″ ″

A la veuve Collet, rue des Frippiers à Verſailles, par contrat du 17 ſeptembre 1790, 300 liv. de rente, au capital de 6,000 liv., conſtituée ſolidairement avec ma femme, réduite par la retenue à · · ·

6,000. ·   225. ″ ″

A Marguerite Beliot, à Nemours, 100 livres de rente viagère, ſans retenue, indiviſément & ſolidairement avec le citoyen Darbonne. Cette rente qui eſt une charge

_______________   _______________

29,335ʰ   1,100ᶠ 1ᶠ 3ᵈ

CAPITAUX.		RENTES NETTES.		
29,335 #	. . . . *Ci-contre*	1,100 #	1 ſ	3 d
	de la fucceſſion de la veuve Leroy, eſt pour ma part de 50 livres, au principal de 500 livres ; mais à cauſe du viager, je la réduis à 25			
500.	livres aux termes de la loi, ci . . .	25.	ų	ų
	A Geoffroy Lefourt, à Guignes, diſtrict de Melun, 600 livres de rente par billet, au principal de 12,000 livres auſſi par billet, ſous			
12,000.	ſeing privé, ſans retenue	600.	ų	ɒ
	Au même, 600 livres de rente, avec retenue d'impoſitions, réduite à 450 liv., au principal de 12 mille livres pour ſa part dans la ſucceſſion de la veuve Leroy, dont je me ſuis rendu adjudicataire pour moitié avec le citoyen Darbonne de Corbeil, ſuivant contrat paſſé devant			
12,000.	Monnot, notaire à Paris, ci	450.	ų	ɪɪ
	A la veuve Fauvel à Verſailles, ſur mon billet de 700 livres, une			
700.	rente de	30.	ų	ų
	Au citoyen Fremont, père, rue St. Honoré, n.º à Paris, 350 livres de rente ſans retenue, au principal de 7,000 livres, rembour			
7,000.	ſable à 1,000 livres par an, ci .	350.	ų	ɒ
	Au citoyen Emery, rue à Verſailles, 650 livres de rente, au principal de 13,000 livres en mon billet ſtipulé payable à la fin de décembre pour janvier, renouvelé depuis ſix années avec les mêmes			
13,000.	intérêts, ci	650.	ɪɪ	ų
	Au citoyen Hauſſard, huiſſier du département de Seine & Oiſe, à Verſailles, 300 livres ſans déduction, au principal de 6,000 l., en mon billet ſtipulé payable à la fin de			
74,535 #	décembre pour janvier, renouvelé	3,205 #	1 ſ	3 d

CAPITAUX.		RENTES NETTES.
74,535ᴴ	·········· *De l'autre part* ·········	3,205ᴴ 1ˢ 3ᵈ
6,000.	depuis 6 années··············	300. ʼʼ ʼʼ
20,000.	Au citoyen Boiville, négociant rue de la monnoie à Paris, 900 livres de rente, payées à l'avance, sans retenue, au principal de 20,000 livres, stipulées payables par mon billet au 15 octobre, & renouvelé depuis 5 années, ci··········	900. ʼʼ ʼʼ
18,000.	Au même, 840 livres de rentes, payées à l'avance, au principal de 18,000 livres, en mon billet stipulé payable au 10 avril de chaque année. Il y a 5 ans qu'il se renouvelle, ci·················	840. ʼʼ ʼʼ
6,000.	Au citoyen Étienne - Nicolas Delahaie, père, à Étampes, 300 livres d'intérêts annuels, sans retenue, en mes deux billets de 3,000 livres chacun, payables les 15 avril & 15 juillet, qui sont aussi également renouvelés, ci·······	300. ʼʼ ʼʼ
2,000.	A la citoyenne veuve Delahaie, à Étampes, 100 livres d'intérêts, sans retenue, au principal de 2,000 livres stipulées payables au 15 avril, & qui se renouvellent, ci·······	100. ʼʼ ʼʼ
8,000.	Aux héritiers François Guérin, avenue de sceaux à Versailles, 400 livres d'intérêts annuels, portés en autant de billets, jusqu'au remboursement de 8,000 livres, portés en une obligation solidaire avec ma femme, passée devant Silly, notaire à Paris, le 9 octobre 1783, remboursable au 9 octobre 1797···	400. ʼʼ ʼʼ
3,000.	Au citoyen d'Hainault, marchand de vin, rue du Commerce à Versailles, 150 livres d'intérêts, d'un billet de 3,000 l., payable en avril.	150. ʼʼ ʼʼ
157,535ᴴ		6,195ᴴ 1ˢ 3ᵈ

137,535ᴴ	*Ci-contre*	6,195ᴴ 1ᶠ 3ᵈ

Aux héritiers de la veuve Pommier à Versailles, pour un capital de 4,000ᴴ, en mon billet, payable dans cinq années, 160ᴴ d'intérêts par an, contenus en autant de

4,000. billets, ci . . . . 160. ″ ″

A Barbe Carville, chez le citoyen Gendrin, rue du Commerce à Versailles, 37ᴴ 10ᶠ d'intérêts, pour le capital de 750ᴴ porté en ma reconnoissance sous seing privé, que je lui paye depuis huit ans,

750. ci . . . . 37. 10. ″

Au citoyen Leblond, à Mormant, pour cinq septiers de bled qu'il a à prendre sur la ferme d'Andrezelles, louée au citoyen Froc, estimés, année commune, mesure de Melun, 200ᴴ pesant le septier, & 10ᴴ le quintal; ce qui fait une rente de 100ᴴ au capital de 2,000ᴴ, ci, d'après la

2,000. retenue . . . . 75. ″ ″

RENTES, dues pour les biens nationaux que j'ai acquis, & remboursables aux époques fixées par la loi.

Acquisition du 28 février 1791, au district de Melun.

25 arpens de terre, situés à Vulaines, municipalité d'Yebles, pour la somme de 19,000ᴴ

40 arpens de terre & un arpent de pré, situés dans la municipalité d'Yebles, provenant de la ci-devant cure . . . . 23,100.

144,285ᴴ	3 arpens & un quart 42,100ᴴ	6,467ᴴ 11ᶠ 3ᵈ

<table>
<tr><td>CAPITAUX.</td><td></td><td>RENTES NETTES.</td></tr>
<tr><td>144,285^{lt}</td><td>······De l'autre part···42,100^{lt}·</td><td>6,467^{lt} 11^f 3^d</td></tr>
</table>

144,285^{lt} ······*De l'autre part*···42,100^{lt}·   6,467^{lt} 11^f 3^d

de terre, hameau de Vitry, municipalité de Guignes, provenant de la ci-devant chapelle, pour······*u*········ 2,400.

La ci-devant chapelle Sainte-Anne, municipalité de Guignes, pour··· 900.

T O T A L ······· 45,400.

Outre les intérêts, j'ai payé fur ce capital,····· 14,400.

31,000.   Refte à payer un capital de ············· 31,000.

Qui me rend débiteur envers la République d'une rente de······   1,550. *u u*

Acquifition du 11 mars 1791.

30 arpens 60 perches de terre, fitués municipalité de Champeaux, pour················ 15,200^{lt}

Outre les intérêts, j'ai payé fur ce capital···· 4,200.

11,000.   Refte dû en capital·· 11,000.

Formant pour la République, une rente de················   550. *n u*

Acquifition du 8 juin 1791.

55 arpens de terre, municipalité d'Yebles, pour········ 31,000^{lt}

Outre les intérêts, payé à compte··········· 9,000.

22,000.   Refte dû fur le capital· 22,000.

208,285^{lt}   8,567^{lt} 11^f 3^d

CAPITAUX.		RENTES NETTES.

208,285ᴴ ••••••••••• *Ci-contre*••••••••• 8,567ᴴ 11ᶠ 3ᵈ

Suite de l'acquisition du 8 juin.

Produisant, au profit de la République, une rente de•••••••• 1,100.
36 arpens de terre, faisant partie
de la ferme de la ci-devant communauté de Champeaux,
pour••••••••••••••• 16,056ᴴ
Outre les intérêts, j'ai
payé sur le capital••••• 4,056.

12,0 co.   Reste dû•••••••• 12,000.
Qui me chargent envers la République, d'une rente de••••••• 600.

220,285ᴴ •••••TOTAUX••••••••••••• 10,267ᴴ 11ᶠ 3ᵈ

BALANCE.

Le revenu imposable, monte
à ••••••••••••• 17,966ᴴ 1ᶠ ᵈ
Et les charges, à• 10,267. 11. 3.
PARTANT, reste ————
de revenu••••••• 7,698ᴴ 8ᶠ 9ᵈ ci 7,698ᴴ 8ᶠ 9ᵈ

*ÉTAT des contributions & taxes
auxquelles font imposés mes biens.*

MUNICIPALITÉ DE VERSAILLES.

Taxe fixe, cote d'habitation,
cote mobiliaire, charges locales
& contribution fon-
cière••••••••••••• 833ᴴ 5ᶠ

*Département
de Seine &
Oife.*

MUNICIPALITÉ DE SÈVE.

Contribution fon-
cière & charges lo-
cales••••••••••••• 531. 11.

—————
1,364ᴴ 16ᶠ   7,698ᴴ 8ᶠ 9ᵈ

De l'autre part·········1,364ᴴ16ᶠ· 7,698ᴴ 8ᶠ 9ᵈ

Suite du Département de Seine & Oise,

Taxes, fous la dé-
nomination d'em-
prunt forcé , pour
l'expédition de la
Vendée (*)·······1,000. ״

MUNICIPALITÉ
D'ANDREZELLES.

Contribution fon-
cière···········1,019. 19.

Taxe pour la guerre
de la Vendée (**)·· 818. ״

MUNICIPALITÉ
DE CHAMPEAUX.

Contribution fon-
cière···········1,320. 17.

MUNICIPALITÉ
D'YEBLES.

Département de Seine & Marne.

Contribution fon-
cière···········1,400. ״

MUNICIPALITÉ
DE L'ETANG.

Contribution fon-
cière·········· 16.15.

MUN. DE GUIGNES
ET VERNEUIL.

Contribution fon-
cière·········· 456. 8.

MUNICIPALITÉ
DE PÉQUEUX.

Contribution fon-
____
7,396ᴴ 15ᶠ

(*) Cet emprunt arrêté par le département &
réparti fur la lifte donnée par le comité de falut
public du diftrict de Verfailles, devoit être exécuté,
à peine de garnifon réelle, vente des meubles &
féqueftre des immeubles.

(**) Cette taxe impofée par arrêté du département, du 25 juin dernier, a été exécutée par voie
de contrainte, le 1.ᵉʳ août, fur mon fermier.

7,698ᴴ 8ᶠ 9ᵈ
cière.

Ci-contre············7,396ᴴ 15ᶠ   7,698ᴴ 8ᶠ 9ᵈ

Suite du Département de Seine & Marne.

cière············ 9. 5.

MUNICIPALITÉ DE CHAUMES.

Contribution foncière··········· 3. "

MUN. D'OZOUER LE VOULGIS.

Contribution··· 3. "

MUNICIPALITÉ DE CRIZENOY.

Contribution foncière··········· 10. "

MUNICIPALITÉ DE FOUJU.

Contribution foncière··········· 15. "

7,437. " "

PARTANT, mon revenu se trouve réduit cette année, à··   261ᴴ 8ᶠ 9ᵈ

Nota. On me fait efpérer qu'il me fera tenu compte fur les contributions de l'année prochaine, du trop impofé de cette année.

Si la totalité de mon revenu n'eft point abforbé, & au-delà, je dois cette juftice aux citoyens auxquels notre collègue Dubouchet a délégué fes pouvoirs illimités, ils ne m'ont pas compris dans les rôles des autres taxes arbitraires perçues dans ce département.

OBJETS ÉVENTUELS.

Succeffion de Jean - Urbain Godefroy Lefourt.

Lefourt l'aîné, décédé à Chaume le 6 décembre 1790, laiffa cinq héritiers y compris ma femme. La veuve de Lefourt jouit, à titre de don mutuel, de l'ufufruit de tous fes biens - meubles, immeubles & conquêts, à l'exception des propres.

Sur les propres, le défunt avoit fait donation de la ferme de la Courtille, valant au moins 200,000ᴴ, fituée municipalité d'Yebles, à Godefroy Lefourt fon frère, *qui en jouit*, *fans* préjudice de nos réclamations, qui font fondées fur les termes du décret du cinquième jour du fecond mois.

Lefourt, donateur, n'étant mort qu'en 1790, cette ferme devroit entrer en partage ; mais cet objet étant en litige, il n'eft porté ici que pour··················· *Mémoire.*

La partie des autres biens propres qui m'eft échue, eft portée dans l'état actif ci-deffus : le furplus eft abforbé par les rentes faites à la veuve, à caufe des fonds qu'elle m'a remis comme héritier pour deux cinquièmes.

Un autre objet dans cette fucceffion, qui eft également en litige, eft la fociété dans le commerce des bois, qui a exifté entre le défunt & fon frère de Guignes : fociété méconnue d'abord par ce dernier ; mais lorfqu'elle a été prouvée, il a prétendu que fon frère au lit de la mort, lui a tout abandonné verbalement.

D'après les difpofitions de la loi contre les donations, il y a lieu d'efpérer que le jugement que je follicite depuis trois ans, fera prononcé en ma faveur ; mais en attendant, cet objet ne peut être porté que pour··············· *Mémoire.*

Succeffion de Jean - Robert Lecointre.

Mon cinquième dans le mobilier, eft évalué fept mille livres ; mais je redois à la fucceffion cette fomme, qui a été employée dans l'état ci-deffus ; pourquoi je ne la porte que pour······································· *Mémoire.*

Maifons de Sève & dépendances.

Je dois fur ces maifons environ 50 mille livres aux entrepreneurs & fourniffeurs, les citoyens Coupin, Greflot, Legris, Givret, Marchand, Leblond, Mazin, Combe & Fumé, demeurant à Sève ; Thomas, menuifier à Verfailles ; Vétillard, ferrurier ; Vion, M.^d quincaillier à Paris & autres, ayant travaillé à mes maifons & terrains. Il faut encore employer environ dix mille livres pour achever ces conftructions & les mettre en état d'être louées : elles vaudront environ deux mille livres ; ce qui produira un revenu net de 1,500 livres, le quart déduit ; ne rapportant rien en ce moment, on ne porte cet objet que pour······························ *Mémoire.*

Commerce.

Sur les recouvremens de mon commerce, j'ai l'efpoir de toucher 30 mille livres de créances, que je crois bonnes, fur un capital de cent cinquante mille livres au moins, qui me refte dû.

Terrains.

J'ai encore à Sève des portions de terrains vagues, qui, quoiqu'elles ne me rapportent rien, pourroient valoir environ 20 mille livres, fi l'occafion fe préfentoit de les vendre.

Je porte ici pour mémoire feulement les 50 mille livres que j'ai à payer pour achever mes maifons, les 30 mille livres que j'efpère, avec le tems, recevoir des créances arriérées dans mon commerce, & les 20 mille livres qui pourroient me rentrer par la vente des fufdits terrains vagues ; ces objets de *doit & avoir*, devant naturellement fe compenfer les uns par les autres, ci·····························*Mémoire.*

IL ne fuffit pas à un citoyen d'avoir juftifié, dans le détail le plus exact, de fon avoir & de ce qu'il doit, il faut qu'il prouve comment il eft propriétaire & poffeffeur de la fortune dont il jouit, afin que fes concitoyens puiffent juger fi cette fortune eft légitime, fi elle eft le fruit d'un travail fuivi & bien réglé, ou fi elle provient des fueurs du malheureux opprimé, ou des dilapidations de l'état. (*)

D'après les états ci-deffus, je poffède un revenu net de 7,698 livres 6 fous 9 deniers, déduction faite des 270,000 liv. de capitaux que je dois acquitter.

Je vais actuellement préfenter le tableau hiftorique de ce que j'ai reçu de mes auteurs, de ceux de ma femme, & des différentes fucceffions qui nous font échues.

PROPRES DE MON CHEF.

Je fuis né à Verfailles en février 1742, de parens qui y faifoient le commerce des toiles en gros.

Mon père eft mort en 1749 ; nous étions fix enfans ; ma mère n'a fait inventaire qu'en mars 1763, devant Patu, notaire à Paris.

Il m'eft revenu, à l'âge de majorité, 32,649 livres 14 fous 1 denier.

En 1761, âgé feulement de 19 ans, ma mère m'envoya

(*) Un décret du 6 feptembre 1793, porte que, tous fonctionnaires publics qui ne pourront pas juftifier l'augmentation de leur fortune, par des voyes licites, en feront privés & punis.

à Alençon, enfuire à Lifieux, et m'a confié, malgré ma jeuneffe, trente mille livres de fonds, avec lefquels j'ai monté une maifon de commerce dans la fabrication des toiles, pour mon compte & à mon profit. Il en eft réfulté qu'en juin 1769 (c'eft-à-dire en huit ans), j'avois ajouté au capital de mon inventaire 45,350 livres 5 fous 11 deniers. Ce fait eft juftifié par mon contrat de mariage, paffé devant Piquais, notaire, à Paris, le 21 juin 1769.

J'avois donc, à cette époque, la propriété d'un capital de 78 mille livres, tant en meubles qu'en une maifon & terrain que j'ai vendus depuis 72 mille livres, à caufe des augmentations 78,000ᴴ que j'y avois faites.

Ma mère eft décédée en mars 1779; il réfulte de l'inventaire, du partage & de la liquidation des biens de la fucceffion, paffés devant Girout, notaire, à Paris, qu'il eft revenu à chacun des fix enfans 85,000. 85 mille livres.

De la fucceffion mobiliaire de Jean-Robert Lecointre, l'un de mes frères, en mars 1792, il m'eft 7,000. revenu 7,000 livres.

Ces capitaux font enfemble 170 mille livres, & conftituent ma fortune mobiliaire patrimoniale, outre 800 livres de revenu net de la fucceffion de Jean-
170,000. Robert mon frère.

PROPRES DU CHEF DE MA FEMME.

Appert, par notre contrat de mariage du 27 juin 1769, que j'ai reçu de Jeanne-Louife Lefourt, née à Guignes, diftrict de Melun, département de Seine & Marne,
12,000ᴴ ╵╵ ╵╵ 1°. Douze mille livres ;
1,050. ╵╵ ╵╵ 2°. Mille cinquante livres provenant de la fucceffion de fon ayeul maternel ;

3°. En rentes & fonds provenant de ladite fucceffion, eftimés par les partages, 3,200 livres, & que j'ai vendus aux citoyens Lefourt l'aîné & Bouton, à Chaume, par contrat devant Thirion &
6,000. ╵╵ ╵╵ Girout, notaires à Paris, la fomme de 6,000 liv.

4°. Suivant le partage de la fucceffion de fon
19,050ᴴ ╵╵ ╵╵ père, du 11 mars 1777, il lui eft échu une ferme

CAPITAUX.

19,050ᴸ ″ ″ ·········· *Ci-contre:*

à Andrezelles, contenant 215 arpens 67 perches de terre & prés, loués à la veuve Cornu, aujourd'hui femme Froc, à raison de 16 livres 5 sous l'arpent, par bail du 5 mars 1777, renouvelé le premier mars 1785, pour finir à pareil jour 1796 (vieux style), faisant en total la somme de ·············· 3,501ᴸ 17ˢ 6ᵈ

5°. 4 arpens de terre à Crisenoy loués à Rabourdin ····· 84. ″ ″

6°. Trois arpens 26 perches, *idem* à Fouju & Maupincien, loués à François Lejeune ···· 60. ″ ″

7.° Diverses parties de rentes, dont l'état est porté ci-dessus ···················· 160. 14. 4.

1,200. ″ ″ 8.° Reçu lors du partage, douze cents liv., 11 mars 1777.

413. 12. 9. 9.° Plus, à la même époque dudit partage, pour Soulte.

Produit de la vente de cinq parties de rentes, montant ensemble à 116 livres 15 sols, 2,335. ″ ″ dont le capital est de 2,335 liv.

Une rente de 80 livres nette, à cause d'une maison & clos, situés à Yebles, vendus à Heuré Gorumet, remboursable par 1,700 liv. ci ··········· 80. ″ ″

Une maison à Guignes, & 7 perches de jardin à Vitry, estimés 600 livres, & vendus à Lefourt de Guignes, le 26 1,280. ″ ″ mars 1777. 1,280 livres.

Un emplacement de maison de 30 perches, & jardin y joint, vendus à Colleau & Dubois, le 18 juillet 1777, à 720 livres, qui n'étoient estimés 720. ″ ″ que 400 livres.

24,998ᴸ 12ˢ 9ᵈ   3,886ᴸ 11ˢ 10ᵈ

B 3

CAPITAUX.

24,998^{ll} 12^f 9^d . . . . . *De l'autre part* . . . . 3,886^{ll} 11^f 10^d

                    La veuve Leroy, tante de
ma femme, pour déshériter ses
nièces, avoit fait un teftament
par lequel elle leur avoit légué
à chacune 8,000 liv., à prendre
dans la fucceffion, pour tous
droits. On a plaidé long-temps,
mais, avec Darbonne, j'ai acheté
la fucceffion, avec promeffe de

8,000. ″ ″ remplir les 8,000 liv. léguées.

                Sur la fucceffion de Lefourt,
l'aîné, qui eft une pépinière
de procès, à caufe des donations du défunt & des rapines

12,000. ″ ″ du donataire, je dois 12,000 l.
        à ma femme.

44,998^{ll} 12^f 9^d   3,886^{ll} 11^f 10^d

R É S U M É.

1.° J'ai reçu de mon père & en héritage de mon chef,
depuis 1761, les fucceffions de ma mère & de mon frère
Jean Robert comprifes, 170 mille livres en mobilier, & 800 l.
de revenu net.

2.° J'ai reçu de ma femme, tant en dot qu'en héritages de
fes parens, en efpèces, dont je dois lui tenir compte, fuivant l'état ci-deffus, 44,998 livres.

3.° Et en bien-fonds, fuivant le même état, un revenu de
3,886 livres 11 fous 10 deniers.

Les 170 mille livres de mobilier de mon chef, joints aux
44,998 livres que j'ai touchées de celui de ma femme,
forment un capital de 214,998 livres qui a été par moi employé à l'acquifition des différens biens dont j'ai donné l'é-
numération exacte dans l'état ci-deffus, & dont le revenu que
j'en reçois eft très-borné, en égard au prix qu'ils m'ont
coûté.

Le réfumé de ce que j'ai reçu de ma famille, de celle de
ma femme, des biens-fonds d'héritage ou d'acquets, ainfi que
des fommes que je dois, pourroit furprendre, & par fuite,
ébranler la confiance de mes concitoyens, & fur-tout de mes

créanciers. Je dois donc en rappelant cette maffe de dettes, rapprocher le tableau des reffources que j'ai pour faire face à mes engagemens, & prouver que je n'ai jamais mis en danger la fortune de ceux qui me l'ont confiée.

Je dois à la nation, pour reftant de mes acquifitions de biens nationaux, & remboursable en 8 années. . . . . 76,000[#]

Sur ma maifon de verfailles, par conftitution· · ·   16,335.

A divers, par contrats ou titres portant hypothèque·   35,500.

A différens ouvriers & fourniffeurs, pour les avances & travaux faits dans mes maifons· · · · · · · ·   50,000.

Nota. Cette fomme fera exigible dès que les mémoires feront fournis & réglés.

A divers, par mes billets portant intérêts· · · · · · ·   104,785.

Pour achever mes bâtimens & les mettre en location. . . . .   10,000.

Dettes courantes·   6,000.

A payer aux citoyens Darbonne & Colin, pour ma moitié, dans le 5.e de leur part dans la fucceffion de Lefourt, de Chaume, exigibles après le décès de la veuve ufufruitière. . . . .   12,000.

Reprifes de ma femme·   44,998.

TOTAL de ce que je dois· · · · · · · · · · · · · ·   355,618[#]

Occupé des affaires publiques, dès le commencement de la révolution, j'ai quitté mon commerce en avril 1791 ; j'ai négligé mes recouvremens & n'ai pourfuivi aucun de mes débiteurs. Il en réfulte que j'ai éprouvé un vuide dans mes rentrées, partie étant tombée en non-valeur, par infolvabilité, & les autres régis par la mauvaife volonté. J'ai également négligé le courant de mes affaires domeftiques.

J'efpérois, que de retour du pofte honorable où mes concitoyens m'avoient élevé, je pourrois tranquillement me livrer à ma libération définitive ; mais une loi fage me forçant aujourd'hui de donner au public, l'état de mes affaires, avant le temps où je me propofois de le faire, j'ai penfé aux moyens de m'acquitter envers mes créanciers, en m'exécutant moi-même.

B 4

J'ai fait en conféquence afficher & mettre en vente,

1.º Une maifon à Verfailles, eftimée......... 60,000ᴸ

2.º Celle fituée à Sève, près l'églife, eftimée... 55,000.

3.º Cel e place de la Liberté, étant entièrement finie, eftimée...... 50,000.

4.º Celle rue de Belle Arche, occupée par Le-tourneur, eftimée...... 50,000.

5.º Diverfes portions de terrain, à Séve, propres à bâtir, fans produit actuel, eftimées........... 20,000.

6.º Les 1,795 livres de rentes foncières & conf-tituées à Séve, & qui me font payées fans retenue, que j'eftime feulement.......... 35,900.

7.º Maifon à Séve, occupée par Garroft en partie, eftimée, lorfqu'elle fera achevée......... 80,000.

J'efpère toucher de mes recouvremens, en 1794 & 1795....... 30,000.

TOTAL des objets que je préfume devoir fuffire pour folder les 355,618 livres que je dois....... 380,900ᴸ

Si ces objets ne fuffifoient pas, parce que la ftagnation des affaires, ou le grand nombre de biens actuellement en vente en auroit diminué la valeur, je dois, pour la tranquillité de mes créanciers, celle de ma famille & par refpect pour mes concitoyens, qui mont accordé leur confiance, prouver que je n'ai jamais ceffé de la mériter ; & que, fi la révolution a changé quelque chofe dans ma fortune, au moins celles de mes créanciers, de ma femme, de ma famille, n'ont pas été com-promifes ; que les facrifices que j'ai faits ont été ceux de mes veilles, de mes travaux, de mes économies & de mes bé-néfices commerciaux.

Je vais donner cette preuve, par *l'état des acquifitions* que j'ai faites en remplacement des 214,998 livres que j'ai reçues de mes pères & de ma femme, en deniers comptant:

S Ç A V O I R ;

Fonds.

Ferme, jardin & clos, avec 80 arpens de terre, fitués à Guignes, par contrat de licitation paffé devant Monnot, notaire à Paris, le 29 juillet 1784············· 33,000ᴴ

46 arpens 45 perches de terre, à Andrezelles, même jour & même contrat·················· 14,000.

2 maisons & un jardin acquis 8,000 livres, & revendus à Lefourt & Gauthier, par contrat du , qui en font une rente de 420 livres, remboursable pour ················ 8,500.

Moitié de ferme à Andrezelles, contenant 45 arpens de terre, par contrat du 29 janvier 1785. 12,000.

3 arpens un quart, au même lieu, en 1782··· 600.

11 arpens un quart de terre, à Guignes & Yebles, le 1779. ····················· 3,000.

55 perches *idem*, à Sève, en 1791.········ 1,500.

Rentes.

100 livres de rente due par veuve Saint-Simon & Hédin, en indivis avec Darbonne de Corbeil, & par moitié, à 4 & demi pour 100 ; ma part en capital, est de········· 900.

Pour moitié dans les rentes de la licitation veuve Leroy, 273 livres 10 sous, au capital, à 4 & demi pour 100, de ······················ 4,923.

En mon placement volontaire dans l'emprunt national, 1.ᵉʳ frimaire.················· 2,800.

Bois.

12 arpens 18 perches de bois, achetés de Darbonne, le 31 janvier 1792·············· 9,200.

Héritages.

Mes deux cinquièmes dans la succession de Lefourt, & dont je jouirai après le décès de la veuve··· 12,000.

Amélioration.

Dans la maison de l'Écu à Guignes, en granges & bâtimens, j'ai fait une dépense de········ 35,000.

Biens nationaux acquis en 1791············ 108,000.

Meubles meublans, au moins··············· 15,000.

TOTAL.················· 260,423ᴴ

OBSERVATIONS.

Les objets d'acquifition & le mobilier, montant enfemble à 260,423 livres, & excédant de 46,425 livres le remplacement que je dois faire, il s'enfuit que je parois avoir augmenté ma fortune d'autant; mais comme il fe pourroit que par la vente des maifons, je ne réalife pas cet avantage; cette fomme ne fera portée que pour··· ········*Mémoire.*

Ces 46,425 livres joints aux 380,900 livres montant des objets deftinés à l'acquit de mes dettes, forment une maffe de 427,325 livres.

Or en fuppcfant que, contre toute vraifemblance, il y auroit réduction d'un cinquième par la non-réalifation de cette maffe, & qu'elle ne produiroit, par un déficit de 72,000 livres, que le pair ou balance des 355,618 livres que je dois, je me trouverois encore poffeffeur de mes biens patrimoniaux, ainfi que de ceux de ma femme, & c'eft tout ce qu'un vrai républicain doit défirer.

Je dois prévenir les objections que la malveillance ou la défiance pourroient faire naître & autorifer dans ces circonftances.

On pourroit dire : Le Cointre, fuivant fon contrat de mariage avoit porté fa fortune de 32,649 livres 14 fous à 78,000 livres depuis 1761 jufqu'en 1769, par fon travail & fon intelligence dans fa fabrication; comment fe peut-il que depuis fon mariage, en juillet 1769, jufqu'en juillet 1789, époque de la révolution, il ne faffe paroître d'autre bénéfice que celui réfultant des pertes qu'il a faites & qu'il préfume à faire dans fes recouvremens, depuis qu'il a quitté fon commerce en avril 1791 ? Ces pertes, quoique confidérables, ne font pas repréfentatives des profits que les affaires qu'il a faites femblent avoir été fufceptibles; furtout, fi l'on ajoute à ces juftes préfomptions les réflexions qui fe préfentent naturellement. De 1777, tems auquel le père de fa femme eft décédé, à 1779 où, par le décès de fa mère, il a été mis en poffeffion de 3,000 livres de revenu, de 85 mille livres de mobilier, & d'une augmentation d'affaires de plus de 300,000 livres par an, ces avantages ont dû produire un bénéfice proportionné aux talens, connoiffances & intelligence de ce chef de maifon : ajoutant à cela, que le plus grand ordre, l'économie la mieux réglée, une conduite févère & exempte de tout reproche, ont toujours régné dans les genres de fes dépenfes domeftiques & commerciales. Tous ces faits rapprochés font préfumer qu'un plus grand bénéfice a été fait , & apercevoir avec étonnement qu'il n'est point présenté dans ce tableau············ ····· je répondrai :

Oui , citoyens, un plus grand bénéfice que celui résultant de l'état que je présente, & dont vous connoissez l'emploi, a été chez moi le fruit de mon travail & de mes économies, sans que pendant 30 ans j'aye jamais fait aucune affaire avec la cour ni le ministère ; je vous dois ce compte : vous n'en trouverez pas le produit placé dans des caisses publiques, particulières ni étrangères ; mais bien dans les travaux continuels, que, depuis 1764 jusqu'à ce jour, j'ai fait faire pour occuper le manouvrier, l'artisan, & dont l'avantage, dirigé vers le bien public, n'a jamais rapporté à son auteur un bénéfice proportionné à la dépense. Je n'entrerai point dans des détails . Interrogez les citoyens de Lisieux ; ils vous diront que, pendant 20 ans, j'ai habité au milieu d'eux. J'ai eu à ma solde, en tous tems & saisons , un nombre d'ouvriers occupés à bonifier des fonds, sur lesquels souvent une dépense de 10 mille livres n'augmentoit pas mon revenu de cent livres , mais procuroit aux propriétaires voisins, par la voie publique, une exploitation plus facile, plus commode & désirée depuis long-tems.

En 1783, j'ai acheté à Séve un terrain de dix arpens, sur lequel j'ai fait établir, d'abord une manufacture de blanchisserie pour mes toiles : elle n'a pas réussi ; & cet établissement utile pour les ouvriers, m'a occasionné une perte de plus de 30 mille livres, qui a par conséquent absorbé une partie des bénéfices de mes autres affaires. J'ai ensuite donné une nouvelle forme à ce fonds.

De nouvelles communications ont été ouvertes dans la commune de Séve ; six rues, ainsi qu'une place publique , ont été formées, comblées, dressées & pavées par mes soins & à mes frais (*). J'ai vendu des portions de ce terrain, à la charge de bâtir : j'ai avancé des fonds à ceux des acquéreurs qui en ont eu besoin, remboursables à des époques déterminées, ou en travaux de leur état. Pour donner l'exemple, j'ai moi-même fait bâtir & construire la principale maison, sur le donjon de laquelle j'ai fait planter l'arbre de la Liberté, le 10 août 1792 , au moment même où le tyran faisoit fusiller le peuple à Paris. Depuis 1784 jusqu'à ce jour, j'ai continuellement entretenu dans ce pays , au moins 50 ouvriers de tous états ; & par l'émulation que j'ai donnée, plus de 50 autres ont été occupés.

---

(1) Ces travaux ne me rapportent rien ; le public en jouit. Je laisse aux gens de l'art à en apprécier la dépense.

Enfin, un hameau auquel j'ai donné le nom de *Hameau de la Liberté*, s'est élevé au milieu de Séve; & c'est-là que j'ai placé la plus forte partie du fruit de mon travail, de mes bénéfices commerciaux & de mes économies.

Dans tous les tems, & dans tous les lieux où j'ai des propriétés, le même esprit a dirigé mes travaux; Lisieux, Versailles, Séve, Guignes, rendront ce témoignage. Aussi, dès mes premières années, mes concitoyens ont regardé chez moi, comme une maladie, le besoin de faire travailler.

N'ayant jamais été en société de commerce, & n'ayant par conséquent établi aucune comptabilité exacte dans mes bénéfices & mes dépenses, vous n'attendez sûrement pas de moi un compte plus circonstancié. Il me suffira de vous dire que, si par aperçu, on peut évaluer à 150 mille livres en pure perte pour moi, ces dépenses, dont l'avantage est démontré avoir été utile à la société, c'est-là le résultat du surplus des bénéfices que j'ai faits & dont j'ai démontré l'emploi.

APRÈS avoir donné le compte de mon administration commerciale & domestique, depuis 1761, jusqu'à 1789, je dois celui de ma gestion depuis juillet 1789 jusqu'à ce jour, ainsi que de l'emploi des indemnités que j'ai reçues.

La Nation, trahie par une cour perfide, a voulu recouvrer ses droits. L'insurrection du 14 juillet 1789 a eu lieu à Paris, & les droits du peuple ont été reconnus.

Versailles a marché sur la même ligne. Une garde nationale a été formée; j'ai rempli dans cette garde, avec mon fils, âgé de 17 ans, les devoirs de soldat, & ceux de citoyen. J'ai passé par tous les grades, jusqu'à celui de commandant-général : j'ai rempli également mon devoir dans ces différens postes ; & mes concitoyens m'ont continué leur confiance. J'ai été nommé à différentes places, dans la partie administrative, notamment à celle de président au département.

Versailles se souviendra toujours, sans doute, que toutes les fois qu'il s'agissoit de payer des subsistances, ma caisse étoit ouverte. Le ministère d'alors y trouvoit des avances. Falloit-il escorter un convoi, j'étois-là ; & Versailles plus d'une fois, sous mes auspices, s'est dépourvu de son dernier sac de farine pour ses frères de Paris. La garde nationale sait que plus de 3,000 fusils lui ont été fournis par mes soins, tandis qu'un ministère perfide entravoit tout, pour anéantir l'armement. Le 11 novembre 1789, Marat, poursuivi par les satellites de Lafayette, a trouvé chez moi un asyle.

En 1790, les trahisons multipliées de la cour contrariant les principes de la révolution, je me suis disposé à quitter mon commerce, pour me livrer entièrement à la chose publique. J'ai fait ma dernière vente en mai 1791, au citoyen Pagés & compagnie, négocians à Paris, jai perdu 6,000 livres. C'est la seule fois qu'il m'est arrivé de perdre sur le prix d'achat ; mais je voulois être libre, & n'avoir pas deux intérêts à servir. Depuis cette époque, je n'ai fait aucune affaire commerciale, directement ni indirectement.

En juillet 1791, les patriotes échappés au carnage du Champ-de-Mars sout décrétés ; ils arrivent à Versailles, où je commandois en chef ; ma maison, celle de Bastial, de Haussman, de Jobart, les ont soustraits à la tyrannie ; nos collègues, Boucher Saint-Sauveur, Fréron, Legendre, Camille-Desmoulins, ne l'oublieront jamais.

Nos frontières sont menacées, mon fils, enregistré le troisième à la municipalité, fut le premier soldat de la première compagnie du bataillon qui se forma sous mes yeux (*) ; parens, amis, voisins, tous s'empressèrent à y entrer : en huit jours, elle fut compléte en nombre, habillement & armement ; je procurai ce dernier article. Huit autres compagnies furent levées ; dans le mois, ce bataillon fut complet : l'ordre

---

(*) Le 5 mars 1792, l'ex-ministre Narbonne m'envoya un brevet d'officier dans le cinquième régiment d'infanterie, pour *mon fils*, qui, d'accord avec mes principes, le refusa.

Une compagnie de canonniers ayant été formée, en septembre suivant dans le bataillon où il servoit, ses camarades ont récompensé son zèle, en le nommant capitaine.

Il lui étoit impossible de remplir cette place, sans faire des frais extraordinaires. J'ai pourvu à cet objet ; j'ai rempli mon devoir.

Le 2 avril 1793, le traître Dumouriez lui écrivit de se rendre auprès de lui, lui proposa de se joindre à lui. Mon fils lui répondit : *Les camarades que je commande, & moi, animés du même esprit, ne feront usage de nos canons, que contre les ennemis de la convention, & contre vous-même, si vous étiez du nombre.*

Ce traître, fit ôter à mon fils 750 livres qu'il avoit sur lui, par son lâche valet Baptiste ; ensuite charger de fers, & traîner de prisons en prisons jusqu'à Maestricht.

Là, il fut jetté dans un cachot. Hesse, commandant de la place, lui fit donner ensuite la nourriture de capitaine, l'usage des cours & la liberté de voir qui bon lui sembloit.

Par mes démarches, mes amis lui ont procuré de l'argent pour s'habiller & subvenir à ses autres besoins.

Enfin, sur la demande du ministre des affaires étrangères, au nom de la République, Cobourg a ordonné le renvoi de mon fils en France, où la Nation lui a rendu les 750 livres que lui avoit fait voler le perfide Dumouriez. J'ai fait honneur aux dépenses de cet evènement, & mon fils continue à servir honorablement.

du départ donné en septembre, je fis propofer au miniftre Duportail, les moyens de l'armer, il s'y refufa, & ce bataillon refta fix mois fans armes.

J'ai été nommé à l'Affemblée légiflative, en septembre 1791 par le vœu prefqu'unanime des électeurs.

En 1792, j'étois en commiffion avec Albite, pour la levée des 30 mille hommes qui devoient chaffer les Pruffiens du territoire Français.

Lorfqu'on a formé la Convention nationale, mes concitoyens, par continuation de confiance, m'ont nommé député.

J'ai penfé que des 6,570 livres d'indemnité annuellement accordée dans cette place, celui qui les reçoit, devoit en diftraire une partie en faveur de la chofe publique, *lorfque fes facultés le lui permettoient* : en conféquence, & pour être plus utile, j'ai pris auprès de moi un fecrétaire, dont les appointemens, nourriture & frais de bureaux m'ont coûté, chaque année··2,400.

J'ai payé à la tréforerie nationale, 2,000 livres par an, pour un don patriotique, auquel je me fuis engagé pendant fix ans, à compter de 1789··············2,000.

En conféquence d'une motion faite à la tribune, en juin 1792, pour inviter les députés à faire un don pour les frais de la guerre, j'ai payé··················· 600.

Les intrigues de la cour ayant continué dans les affemblées légiflatives & conventionnelles, & leur influence ayant toujours paralifé toutes nos opérations militaires ; les miniftres de la guerre, & plus encore leurs commis en chef, ayant tourné leurs vues fur un défarmement général de la France, en paralifant les manufactures d'armes blanches & à feu, en dégoûtant les gardes nationales du fervice, par le défaut d'armes, d'habillemens, & le dénuement prefque total des objets de première néceffité, & notre cavalerie, de chevaux ; je me fuis attaché fpécialement à éclairer la religion de l'Affemblée fur cette partie intéreffante du miniftère, ainfi que fur les factions liberticides qui protégeoient les Duportail, Narbonne, Lajarre &c. Ces traîtres, étant parvenus à rendre nul tout ce que j'ai dit à la Convention à ce fujet, j'ai fait imprimer à mes frais mes opinions, dénonciations & pièces probantes contre eux : ils ont pu trouver des défenfeurs ; mais par la fuite des événemens on a vu fe réalifer malheureufement tout ce que j'avois prévu, annoncé & imprimé.

Il réfulte que la dépenfe de mes impreffions chez le citoyen Baudouin, fuivant fon bordereau, fe monte à la fomme de 3,856 livres, fur laquelle je redois 800 livres.

RÉCAPITULATION.

Au premier Nivôse prochain, il y aura 27 mois
que je fuis député, & que j'aurai reçu en indem-
nités . . . . 14,782[#] 10^f

Sur quoi j'ai dépenfé, pour la chofe publique · · 12,456.

RESTE · 2,326. 10.

Nota. Ma place de député m'a procuré l'occafion
d'employer cette fomme de 2,326 liv. 10 fous
en fecours particuliers de bienfaifance.

En exécutant le décret du 14 mai, j'ai rempli mon devoir.

J'ai démontré que ma fortune ne doit fon origine, ni fon
accroiffement aux places que j'ai occupées depuis la révolution,
foit comme fonctionnaire public, foit comme député.

J'ai prouvé que depuis la révolution, j'ai vécu fur mes
capitaux; l'abandon où j'ai laiffé mes affaires commerciales,
les impôts, dons volontaires, taxes arbitraires fur mes biens,
ayant abforbé, pour ainfi dire, la totalité de mes revenus.

J'ai auffi prouvé que livré entièrement aux affaires publiques,
fi les miennes particulières ont fouffert, les intérêts de mes
créanciers ne font point compromis.

J'ai prouvé, enfin, que l'affiche & mife en vente d'une
partie de mes biens, étoit un acte de prudence, de juftice
& même de néceffité, dans lequel il n'y a donc rien qui doive
inquiéter l'efprit le plus ombrageux.

^T. LECOINTRE.

A PARIS,

DE L'IMPRIMERIE DE LA RUE MIGNON.

An IIe de la République.

www.ingramcontent.com/pod-product-compliance
Ingram Content Group UK Ltd.
Pitfield, Milton Keynes, MK11 3LW, UK
UKHW021201140726
13695UKWH00005B/2277